늘 함께하고 싶은 분들께 40편의 작품을 드립니다.

감사하는 마음도 가득 담았습니다.

좋은 기운도 함께 나누겠습니다.

저자 문 정 영 드림

술의 둠스데이

달을쏘다 시선 *019*

술의 둠스데이
달을쏘다 시선 019

1쇄 인쇄 2024년 08월 20일
1쇄 발행 2024년 08월 30일

지은이 문정영
펴낸이 문정영
펴낸곳 도서출판 달을쏘다
편집위원 이혜미 정현우
등록번호 제2019-000003호
등록일자 2019년 1월 10일
주소 03131 서울특별시 종로구 율곡로 6길 36. 월드오피스텔 1102호
전화 02-764-8722, 010-8894-8722
전자우편 dalssoo@hanmail.net

ISBN 979-11-92379-14-2 (03810) 종이책
ISBN 979-11-92379-15-9 (05810) 전자책

값 12,000원

· 이 책의 전부 또는 일부 내용을 재사용하려면 반드시 저작권자와 도서출판 달을쏘다의 동의를 받아야 합니다.

· 이 도서의 국립중앙도서관 출판시도서목록(CIP)은 서지정보유통지원시스템 홈페이지 (http://seoji.nl.go.kr)와 국가자료공동목록시스템(http://www.nl.go.kr/kolisnet)에서 이용하실 수 있습니다.

· 저자의 의도에 따라 작품의 보조 동사와 합성 명사는 띄어쓰기가 달라질 수 있습니다.

· 본문 페이지에서 한 연이 첫 번째 행에서 시작될 때에는 〈 표기를 합니다.

· 이 시집은 교보문고와 연계하여 전자책으로도 발간되었습니다.

술의 둠스데이

문정영 시집

| 시인의 말 |

  60여 명의 시인, 평론가께서 짧은 감상글을 낮은음자리처럼 보내오셨다.

  문장의 그늘까지 아름답게 파헤쳐졌다. 감사하다.

  기후환경, 4차 혁명의 소재가 사랑, 이별의 감성을 만나 말랑말랑해졌고

  슬픔도 때로는 빈 둥지 같은 내 눈동자를 닮아간다.

  이번 생에서의 일복이 조각칼로 하나씩 나뉘는 순간에 쓴 작품들이다.

  뜨거운 계절에 덜 익은 과일을 내놓는 심정이다.

  2024. 한여름에, 문정영

■ 차례

1부

술의 둠스데이	12
저어, 저어새	14
모나코 모로코 모르핀	16
Walk in, 나선형 꽃잎	18
녹명	20
복숭아뼈 물혹 같은	22
배추흰나비의 햇볕 체위	24
Book Bar	26
우리가 볼 수 없는 모든 빛	28
로제 와인	30

2부

탄소발자국	34
NK세포 만들기	36
적조	38
나무 자전거	40
EM 만들기	42
천장 선풍기와 빨랫줄	44
바다 판각기행	46
붉은 콘돔	48
아로파aropa	50
인공눈물	52

3부

메타버스metaverse	56
클라라	58
빅 브라더	60
루시	62
안녕, 블록체인	64
겨울 연	66
이상한 유튜브	68
우아한 유령들	70
열정	72
감정노출자	74

4부

간절기	78
황제 나비	80
동굴연인	82
모소 대나무	84
어떤 소녀의 기도	86
체념증후군	88
합곡	90
시에스타	92
인셉션	94
겨울 나비	96

■ 감상문 『술의 둠스데이』를 읽고   99

1부

술의 둠스데이

매일 술을 조금씩 먹고 자랐다

서른 마흔 나이 먹으면서, 좁은 이마에 띠를 두르고 달리기하면서

술병 뒤에 숨어 독작하였다

어떤 것이 사라질까 두렵지 않다, 술잔에 이야기하였다

폭음을 싫어한다는 말에 꽃잎이 혼자 웃었다

지구의 종말은 비둘기가 먼저 알 거야

뱉어놓은 술 찌꺼기를 가장 많이 먹는 짐승은 위대하니까

간에서 자라는 물혹들이 가끔 물었다

내가 자란 만큼 술은 사라졌는가, 아니 빙하가 녹는 속도를 묻는 게 더 빠를지 몰라

<
불안한 공기를 뱉으며 키가 줄었다

몸속에 들어와 숨쉬기 곤란한 질문이 이별이었을까

저녁을 감싸고 있는 술잔들이 따듯해졌다

좀 더 놓아버릴 것들을 찾아야겠다고 실언했다

더는 당신이라는 말을 술병에 담지 않겠다고

자정 지나 혼잣말하곤 했다

저어, 저어새

부리부터 눈까지 검은 당신은 그때 겨울깃이었지

가슴 가득 품었던 노란색이 사라지며 풍경에서 멀어져가고 있었어

저어, 저어 하며 차가운 햇살을 물고 물었던 말들

당신이 견디었던 작은 노란 반달 모양의 상처들

우리는 차가운 겨울밤에 번식깃을 지나갔지

내게서 번져 당신에게 옮아가는 눈물은 참 붉었지

저어, 저어 하며 날아가고 싶은 날개를 비벼대던

당신은 멸종하는 어느 새의 날갯짓을 습작하고 있었던 것일까

등 움츠리고 걸어가던 인사동 골목 한지 불빛 아래서

<
갈 곳 잃어버린 새 떼들이 날아올랐지

습지는 가벼웠고 오염된 구석은 무서웠어

저녁은 귓속말을 잊어버렸을까

우리는 저어새처럼 따뜻한 곳으로 슬픔을 옮기고 말았지

모나코 모로코 모르핀

뜨거운 도시를 다녀온 바람의 말을 들었어요

바람은 귀 가까이 소문을 내려놓았지요

당신의 음성을 들은 것이 어느 대륙이었는지, 몽상이었는지

가벼워서 날개밖에 없는 햇살을 당신은 카사블랑카처럼 입었나요

울음 주사를 맞은 내가 읽지 못하는 글자들 앞에 서 있네요

당신은 모나코에서 모르핀처럼 편지를 보내고

나는 다시 햇볕처럼 익네요

가끔은 모나코에서 쓴 편지가 모로코에서 발신되고

생각의 공간이 넓거나 좁거나, 눈동자가 희거나 검거나

<

모나코를 모로코로 불러보면 안다고 쓰여 있네요

당신은 나의 모르핀, 환각의 접점에서 만나는 밤

피부이든 깃털이든 눈물이든 당신 안에 숨겨져 있는 것들에

깜짝깜짝 놀라지만 서럽지는 않네요

이제 우리의 이별을 아프리카 대륙처럼 내려놓아도 될까요

Walk in, 나선형 꽃잎

말랑해진 시간의 껍질 벗겨지듯
잎사귀 사이사이 비 지나가고 거친 질문들 뜨겁게 떠 있는

그곳에 가면 누군가의 울음이 조금씩 옅어지고 나선형 숨소리가 가득 숨어 있네요

몸 비틀며 신음 참아낸 꽃술의 흐느낌 어느 모서리에서 찾을 수 있을까요

젖을 수 있을 때 젖은 꽃잎 무늬가 선명해요

당신 없는 페이지는 상상이 사라지고 없어

라스베이거스 MGM 그랜드 호텔 로비에 적혀 있는

Walk in이라는 글자 나선형 꽃잎처럼 읽히네요

잠시 당신의 귓바퀴에서 쉬어가든지, 눈 맞은 이국의 스파이처럼 그곳에 스며들든지

<

머물 수 있는 꽃잎이 핀 그곳에서 우리 잠시 눈 붙일까요

사는 일도 가끔은 빠징코에서 잃어버린 달러처럼 놓아버릴 수 있다면

그렇게 하루쯤 빼어서 수수하게 당신과 잠들고 싶네요

녹명

이름을 뿔이라 지은 적 있다

참지 못하고 나를 들이받던 날들

잔잔하고 더욱 숙연해진 뿔이 될 때까지

풀들이 순해지기까지 뿌리는 얼마나 흔들렸을까

운명이 구부러진 뿔을 닮았다

성정이 여릴수록 깊고 커다란 눈망울들

찬기가 오기 전 나를 부러뜨려야 살 수 있다

당신의 질문을 뿔이라 부른 적도 있다

저 흔들리면서 녹색이 된 풀들은 사슴의

울음을 들으며 지극한 대답 기다렸다

<

당신과 함께하는 목소리가 점점 느려지고, 지구는

시속 1,500km의 속도로 일찍 뜨거워지고 있다

복숭아뼈 물혹 같은

다시 눈꺼풀 떨리는가를 정오에 물었다

초여름 소풍 후 붉은 샘이 생겨났다

나비가 여러 번 앉았다 날아간 흔적이 물방울로 고였다

귀가 열리고 코끝이 새겨진 도화꽃 옆에서 말했다

네가 나의 처음이야, 내 몸은 투우사의 붉은 천이야

물이 빠져나간 뒤 다시 차오르기가 이른 봄 같았다

너를 얻기 위해 나무 한 그루에 그늘이 차도록 물을 주었던가

한쪽은 가물고 한쪽은 물 폭탄인 南美처럼

꽃 그림 한 장 피어나는 순간 우리의 계절이 바뀌었다
<

그 장렬한 화촉을 위하여

지금 몸살 앓고 있는 것들, 패티쉬한 것들

하늘을 끌어와 덮고 싶은 사람들, 그 곁에서

우리는 서로의 복숭아뼈 물혹을 씁쓸한 시간으로 만졌다

배추흰나비의 햇볕 체위

겹겹 찬기 마신 흙의 온도를 볕이 새기는 중이다

체온이 올라야 몸이 열리는 저온증의 습지에서

당신은 바람보다 일찍 뜨거워지고 꽃잎은 숨이 거칠어진다

가뭄이나 비 소식이 오래가는 날, 배추흰나비는 날개를

스스로 오므리거나 넓혀 가장 빛나는 체위를 만든다

햇볕이 뿌리에 꽂힐 때 하루가 달콤해지는 배추는

나비의 숨소리 따라 젖거나 몸을 말린다

노란 달빛과 파란 하늘빛이 하얀 낮달을 만지듯

날개 모양으로 몸을 덥히는 당신 사랑은 白色

미래 인류가 하루치 식량, 물, 공기를 위해 전쟁하듯

당신이 꾸는 꿈이 뜨거운 철판 위 낮잠 같다

배추흰나비 애벌레는 초록 햇살을 갉아먹어 몸이 빨리 부풀어 오른다

지금 당신 꿈에 누군가 나비의 햇볕 체위 한다

Book Bar

기타가 천장에 누워 있고

술병이 제 그림자 껴안고 벽에 붙어 있다

앉아 있는 열 명과 서 있는 한 명이

의자와 식탁과 피아노가

시를 읽는다

옅은 불빛이 가만히 노래한다

나는 야외용 식탁을 접이식으로 읽는다

누군가는 야간 비행을 읽고

12개의 그림이 한 액자에

담겨 있듯

<

우리의 생각을 장밋빛 영상으로

서로에게 담는 저녁이다

우리가 볼 수 없는 모든 빛*

한 사람이 한 사람 안으로 들어갈 때 우주가 열리네

우리가 볼 수 없는 모든 빛이 피어나네

꽃 진 자리에 잎이 나듯 문장이 붉은 사람의 향기가 나네

그의 그림자가 여러 계절을 훔쳐가네

누군가 있다가 없는 자리에 눈사람이 앉아 있네

한 사람의 그늘에서 한 사람이 잠들지 못하네

새벽 푸른 명상을 하네

간절함이 부족한 꽃들이 떨어지네

흔들리는 저녁이 일찍 오네

새벽이 눈 뜨고 눈사람이 감사 일기를 쓰네

<

긍정의 빛이 짧아진 내 그림자를 껴안아 주네

나무들이 제 이름을 외우고 오늘 낯선 얼굴에 놀라네

나를 들여다보던 한 사람의 눈을 기억하네

눈 붉은 사람의 꽃 진 자리에 울음들이 다투어 피네

이제 뒷모습뿐인 그의 계절이 녹고 있네

* 퓰리처상을 받은 앤서니 도어의 소설 제목.

로제 와인

극지의 포도원에 머문 적 있다

달콤했다는 말이 떠돌았으나 열매가 없었다 너의 웃음이 잠깐 스쳤을 뿐 떨리는 눈빛을 보려 하지 않았다

너의 입술을 보는 순간 붉어졌다면 무언가에 이미 흔들렸다는 것

불안은 어쩌면 회광반조였다

생각은 눈빛보다 빨라서 그 생각대로 말이 흘러나왔다
말이 어색해지면서 너와의 약속은 늘 항상성이었다

여전히 우리에게 맞는 색깔은 익지 않았고 미래는 미세먼지 자욱한 지구를 닮아갔다

오늘 영등포 작은 주점에서 사랑의 색깔 다시 배웠다

'어떤 소망은 너무 작아서 간절함이란 말을 덧붙인다'

나의 무질서를 너의 질서로 잡아주기를 바랐다

지금의 삶이 한 잔 와인 같다면 얼마나 숙성되어야 할까
깨고 나면 기억나지 않는 순간을 사랑이란 말로 삼키곤
했다

2부

탄소발자국

스무 살부터 만지는 장난을 좋아했다

여름을 신나게 만지다 가을을 놓치곤 했다

날마다 가지고 놀던 강의 종아리, 풀꽃의 입술, 느티나무의 가슴

마흔 넘어서는 만질 수 없는 순한 시간들이었다

그때 만지던 것이 나의 젊음이었는지, 불만이었는지

밖으로 끌려 나가던 욕망들을 보았다

어떤 눈물은 만지지 않아도 흘렀고 색깔이 검었다

눈동자를 잃어버린 저녁이 기침하곤 했다

그 후로 性이란 호기심 발자국이 탄소 가득한 거리를 맨발로 걸어 다녔다

<

사랑은 서로의 에너지를 연소하는 호기심

서로를 원할 때마다 불완전한 발자국을 몸에 남겼다

지금 지구의 눈물은 12시 5분 전

장난칠 여름이 보이지 않는다

NK세포 만들기

어제 꽃들이 잠들지 못했다, 표정에 주름이 무섭게 피었다

오염된 흙의 질문에 나무들이 손 붙잡고 울먹였다

꽃향은 공기의 웃음으로 발화한다, 바람이 차가워질 때

나무의 물관에서 새로운 세포가 폭죽처럼 터진다

흔들리는 이파리들이 웃기 시작하고 풀향이 난다

그 바람에 씨앗들이 움직이고 가슴 떨리는 소리 들린다

미세먼지에 햇빛이 사라지면 당신의 병명은 놀란 밤이다

얕은 호흡에 클랙슨 같은 피로가 생겨난다

지구를 지키는 다섯 형제도 나무가 찡그린 탓에 병든 것

<

 당신은 별이 별처럼 보이지 않는 비문에서 벗어나야 한다

 언제쯤 푸른 립스틱 나무에 당신의 싱싱한 발기를 던져줄 수는 있을까

적조

나와 당신 사이가 겨울 돌멩이처럼 고요하네요

먼 저녁부터 이마가 붉어지고 밭은기침이 나오네요

나는 적색의 몸이 불편하다, 말할 수 없는데

태양 폭풍, 대홍수, 가뭄이 당신의 손짓인가요

알래스카 그린란드 남극의 빙하가 당신의 울음인가요

몸에 핀 꽃들이 시들어 당신을 안다고 기도할 수 없네요

하늘 필경사가 바다 풍경을 불안이라 쓰면

붉은 새가 서쪽으로 달아나네요

사진에 찍힌 당신의 검붉은 손바닥, 손금 사라진 자리에 이별이 앉았네요
<

적조한 자리에서 간신히 숨 쉬는 꽃이 보이는데

당신의 맥을 짚으면 힘차게 뛰기는 하는 것일까요

내 안에서 당신의 슬픈 비린내는 붉은빛이네요

나무 자전거

바퀴가 나무여서 나무의 말은 동그랗다

사스래나무는 사스래 바퀴를 이깔나무는 이깔 바퀴를 달고

동쪽으로 푸른 문장을 옮긴다

입술 내어주고 젖가슴마저 풀어준 우듬지부터

팔다리 비틀어지고 얼굴 창백해진 뿌리까지

사스래사스래 휘어진 이깔이깔 둥글어진 하나의 바퀴로

지구를 굴리고 있는 나무 자전거

구름의 숨소리로 숲을 돌리면 온도가 팽팽해진다

숲에서는 빛들이 자전거의 배꼽
<

하나의 몸짓이 하나로 끝나지 않도록

사스래나무 깊은 흉터에 바람이 따듯한 유두로 수유한다

어디쯤에서 이 어두운 바큇살이 멈출까

EM 만들기

나는 당신에게 유용한 미생물입니다
젖산균, 효모 등을 섞어 만든 효소이지요

늘 목이 마릅니다

깨끗해지고 싶은 날들 펼쳐놓으면
가볍게 당신에게 스밀까요

당신이 키우는 고추, 파프리카, 상추, 대파에도
내 사랑 빛나듯 가 닿고 싶습니다
친환경적이라는 말 이제는 익숙하지요
당신과 처음 만났을 때 얼마나 순수하였던가요

가을빛처럼 맑아 당신의 손길 뿌리칠 수 없었지요
진한 색은 작게 작게 희석하면서 둥글어졌습니다

이별에는 색깔이 없습니다
냄새는 눈물을 담아두기에도 좋습니다
<

당신의 손길에서 변신한 것이지요
EM 원액 40ml, 설탕 40g, 소금 1/2티스푼, 쌀뜨물 2L

당신과 나는 1:100의 비율이라도 좋습니다
그때 다시 한번 울음이 울음다워지니까요

당신에 대한 오독은 절대 신화가 될 수 없을 거예요

천장 선풍기와 빨랫줄

낮잠에서 깬 내가 울고 있는 나를 바라볼 때
텅 빈 방이 어둑해지는 시간을 잡아두고 있을 때
천장 선풍기는 조용히 돌고 있었어

바람의 날개는 가벼운 후생을 이야기하고, 나는 알아들을 수가 없어
풀잎에서 뛰어오른 날벌레처럼 간신히 날아가는 꿈만 꾸었지

깜짝깜짝 놀라, 잠들지 못한 지구를 빨랫줄로 묶어두기로 한 아침
익숙한 울음이 달콤한 과즙처럼 빠져나갔어

불편한 눈높이를 가진 우리는
유리창 안의 말벌처럼 편리(便利)에 갇혔지

오래전 헤어진 눈빛을 기억해
흰 꽃들 사이에서 얼굴 내민 무당벌레들이
지구에서 점점 사라지고 있어

<

　이제 그만 들여다봐, 내 눈동자에서 남태평양 섬들이 가라앉고 있잖아

바다 판각기행

그녀에게 새긴 시간은 평면이었다
문자를 읽지 못하는 바다였다

깊어서 평면으로 눕고 평평하게 말하기를 바랐다

바다는 산소를 만드는 식물성 프랭크톤으로 산다고, 그녀는 붉은 입술로 아주 사소한 것들을 기억했다

눈으로 읽은 것들은 쉽게 사라지듯
바다의 눈꺼풀을 덮으면 수평선이 지워졌다

바다는 오래 살아 있는 것들을 밀물판화에 새겼다
그녀와 내가 함께한 어제는 짜디짠 판각이었다

누군가 들여다보아도 거둘 것이 없는
찍어도 찍혀 나올 것이 없는 탄소발자국같이

지금까지의 여행을 지워가고 있다
<

바다는 이제 먹을 갈 깊이가 없다
썰물이 밀려가야 할 이유를 새길 때까지 판각을 다듬는

눈꺼풀로 바다를 내렸다 올리는 우리는
이번 생의 초보자일 뿐이다

붉은 콘돔

지구를 살리는 7가지 불가사의한 물건들 중에 콘돔이 있다
매년 늘어나는 8,300만 명의 지구 인구, 전 세계적으로 하루 1억 쌍이
사랑을 하고, 그중 100만 명의 여성이 임신하고, 반은 원하지 않는 아이다

바다가 뜨거워지기 시작하면서 등이 가벼워진 것들

가벼워지고 싶어 가벼워진 등은 없다

그녀를 업고 그녀가 나를 받쳐주었을 때

얼마나 따뜻한 관계였던가

갑각류의 등껍질이 허물어지듯 얇아진 것도

우리의 등으로 서로를 짊어질 수 없기 때문

바다거북은 바다가 뜨거워지면 암컷 새끼를 더 많이 부화한다

질주하는 붉은 캥거루의 두 발처럼 생긴 콘돔을 쓰자
<

태평양 작은 섬나라의 인사말 '마우리'가 물에 잠기기 전에

키리바시에 가자

지구가 부양할 수 없는 사랑은 사랑이 아니다

아로파aropa[*]

3천 년이나 아누타 아누타 이름 불린 무아Mua와 무리Muru 바람 많고 먹을 것 부족한 남태평양의 솔로몬, 그곳에서 열대의 웃음 열매를 딴다

아이들에게 덧셈 뺄셈 가르치지 않는다
섬은 지름 1km로, 행성표류기를 쓴 소녀도 아르크투루스에서 처녀별자리로 가기 전 들른 적 있다

야자수 나무에서 웃음 방울이 떨어져 내린다

코로 인사하는 것은 다순 숨결을 나누는 습관

일회용 비닐을 덮어쓴 고래는 없다

내가 가진 것은 야자수 모양 빛 좋은 바닷고기, 거기까지 떠내려오지 못한 코카콜라, 가난이라는 어류는 키우지 않는다

나눔, 박애, 연민의 플래카드는 없다

<

 풍요했던 이스터섬이 사라지는 동안 워싱턴 서울 동경 상하이의 바다 온도가 조금씩 높아졌다는 뉴스

 등대 없이 바다에 떠 있는, 하늘에서 내리기도 힘든, 걱정을 걱정하지 않는 아누타 아누타

 아이들의 웃음을 햇살 시어로 쓴다

 * 실천하는 사랑.

인공눈물

막 닦아낸 수정체에서 하루가 지납니다

오늘은 슬프지도 기쁘지도 않은 무덤덤한 역할뿐이었는데

왼쪽 눈의 망막으로 흐린 하늘 보았다 합니다

질문도 잘 씻어내야 대답이 쉬울 것인데

처방받은 점안액이 반쯤 눈 밖으로 흐릅니다

눈동자에 잠시 담긴 것들도 눈물과 함께 자꾸 흘러내립니다

그게 서럽게 살아온 증표라는 듯

그간 보았던 것들이 헛것이라는 듯

어쩌면 거친 것들만 담고 살아서 그런지

<
자꾸 내가 먼저 흐려집니다

3부

메타버스 metaverse

영상 속 글자들이 가상공간에서 움직인다

그녀에게 가 닿은 내 몸이 한 문장

아바타가 아바타를 만나 사랑을 나누는

거울 세계에 비친 현재도 한 문장

그녀와 나의 세컨드 라이프

어제 그녀를 가상현실에서 만났던 것일까

지나간 사랑을 새로운 세상으로 끌어내어

헤어진 그녀를 재구성했다

현실과 가상이 한 세계로 연결되는 통로에서

시를 쓴다는 것은 허상을 끌어안고 있는 것

<

내가 지난 시집에서 쓴 넷플릭스 속 그녀는 가상인물이었다

* 가상과 초월을 의미하는 '메타(meta)'와 세계·우주를 뜻하는 '유니버스(universe)'의 합성어로 가상현실보다 한 단계 더 나아가 사회·경제적 활동까지 이뤄지는 온라인 공간.

클라라

 먼 우주를 건너온 당신과 나

 은하의 천억 개 넘는 행성에서 하나의 눈으로 바라보면 우리는 어떤 몸짓으로 스친 것일까

 지구에서 서로 끌렸다는 것은 100억 광년 너머 행성의 충돌만큼 커다란 섬광 같은 것

 클라라, 지금 그때의 파장을 말하는 중이야

 당신이 방향을 잃고 우주 정거장 몇 개를 지나쳐 버린 사람들처럼 내게 왔을 때, 우리는 서로의 아바타를 후각으로 느꼈지

 날마다 우리는 청결하였고
 메타버스에서도 새로운 행성의 체취를 발견하였어

 그때는 꿈도 파랬지 마스크 하지 않아 입술이 붉었어
 <

가라앉는 지구 대신 20광년 너머의 외계행성을 찾아야 하는

그런 숙제를 하는 동안 클라라 우리는 둘만의 신비에 갇혔지

'우리는 우주의 먼지'라서 소망도 크지 않았어

클라라, 새로운 행성에서 당신과 하나의 붉은 몸으로 천 년을 살 수 있을까

빅 브라더[*]

하루를 조금씩 거룩하게 늘려나갔어

이별 고백은 내가 없는 어느 CCTV에 잡혀 있는지

열정이 없는 눈빛까지 검열하겠지

둘이 하는 놀이를 혼자 시작했지

얼굴이 보이지 않도록 내 품에 안겨봐

너와 둘이 있어도 불량사회야, 안심코드는 이제 없어
무심코 불러낸 문장은 빅데이터의 귀가 되고 있지

어떻게 지상의 일들이 공중에 떠 있을까

우리가 언제부터 관계인간이 아니라 채집인간이야?

빙하가 녹아내리는 속도로 우리는 통제되고 있어
형제가 아니라고 서로를 헐뜯고 있지

<
이미 한통속인데 눈빛이 사라진 포노 사피엔스가
거룩한 종로를 걸어가고 있어

* 빅 브라더 : 조지 오웰의 소설 《1984년》에 등장하는 대중을 지배하기 위해 만든 허구의 캐릭터.

루시

2021년 10월 16일 서른 즈음 루시는 상큼하게 타올랐지
하루 1억 광년씩 자라는 너의 가슴에 심어둔 꽃 이름의 플랫폼들

루시가 대기권 밖으로 나가자, 왼쪽 눈이 서늘해졌어
태양계의 형성이 어찌 되었는지, 지구 생명체가 어떻게 진화했는지
그걸 알아내는 통찰력으로 사랑을 증명할 것인지
잃어버린 시력은 찾을 수 있을 것인지

사랑은 체온보다 빨리 뜨거워지고 우주보다 더 모호해서
그녀가 없는 12년 동안 안압은 계속 높아질 것인데
루시가 보내는 욕망의 구성 물질, 질량, 밀도, 크기, 온도가
나의 백지에 그려지겠지

300만 년 전 원시 인류 화석 오스트랄로피테쿠스 아파렌시스의

애칭으로 불렸던 루시
그때의 별들은 가난한 겉주머니 같아서, 사랑은 식물성이었을 뿐

지금의 루시는 태양계 바깥에서 광합성 연서를 몇억 광년마다
화해하듯 보내오겠지

목성의 붉은 띠처럼 언제 다시 열애할까
지구의 울음이 높아져 가는데

안녕, 블록체인

얼굴의 서사들이 블록 위를 걸어가고 있다

수십 세기 물결 건너 AI의 얼굴을 닮아간다

특별한 사랑은 사하라인지 항상 목이 마르다

지금까지 얼굴의 밀약이었던 눈 코 귀는 사라지고 없고

나의 아바타, 그 옆의 신비한 자궁

우리는 혁명의 암호를 걸고 내기하였다, 비트코인으로

온라인 장부에 사랑의 미래가치를 걸었다

진한 농담보다 빠르게 다가오는 블록들

그때 나선형의 사랑이 새로운 얼굴로 나타났다

왜 자꾸 미래가 과거형이지, 이별 소식은 앞에서 달려

오지

지난번 사물인터넷으로 연결된 사랑도 벌써 과거형

블록체인, 안녕! 이제 새로운 인사법을 배워야 할 때

표피는 다 사라지고 입술 감각만 남았다

겨울 연

엷은 옷자락마저 없다

숭숭 뚫린 구멍뿐이다

물이 얼면서 서서히 두께가 생기듯 몸은 공중에서 새파란 감각을 잃어가고 있다

서로 닿아서 따듯해질 때까지, 그 안이 물렁물렁해질 때까지

열리는 몸짓으로 새빨갛게 한 계절을 삼키던 오후가 지나고

가상의 연들이 다시 피었다 지는 저녁 홍등가

어떤 연은 허공에서 다리가 엇갈리며 흩날리고 있다

꽃잎의 가장 부드러운 부분에서 피가 빠져나간 후
<

자위가 끝난 꽃대들의 음순이 희끗하다

진한 진흙물에서는 그곳이 탁하다고 탓하지 않는다

시위 끝난 바람들 어두운 광장을 빠져나가고, 화려한 연들 날아가고

여름날 인연들이 저리 겨울 응달처럼 웅크리고 있다

이상한 유튜브

2024 슈퍼 엘니뇨 바람을 듣는다

칼과 허공처럼

가끔 저기에서의 물음이 여기에서의 의문을 벤다

이상기온으로 곡물지대가 바뀐다는 소식과 불안한 명상,

쉽게 잠들지 못하는 밤을 듣는다

이스라엘과 팔레스타인, 러시아와 우크라이나의 울음이 누구의 것인가

신이 지구를 따뜻하게 안아준 적 있던가

밤사이 끊어졌다 이어지는

빠져나가는 모래알 같은 대답을 아침까지 움켜쥔다

＜

드문드문 깨었다가 슈거플레이션 뉴스를 듣는다

잠은 잠들었는지 모른다 캄캄한 목소리만 깨어 있을 뿐

유튜브는 언제 동굴 같은 귀를 닫을까

우아한 유령들

잎사귀들 몸 겹치는 소리가 종의 좁은 입구를 흔드네

그 길 따라 비의 거친 숨소리 떠 가고

누군가의 울음에 조금씩 옅어져 가는 립스틱이 묻어 있네

몸 비틀며 신음을 참아낸 꽃술이 여물어 갈 때

어떤 악기는 가시가 있는 자정 같아서 손이 닿으면 튕기네

안개에 젖은 꽃잎은 무늬가 선명하지

선명한 것들은 피아노의 검은 건반을 두드리는 긴 손가락 같은 것

그 사이에서 흐르는 또 다른 음순의 선율들
<

당신 없는 페이지에 명랑함은 사라지고 배웅이라는 글자가 남아 있네

　울퉁불퉁한 리듬이 있을까, 불빛을 잠그고 나는 사랑처럼

　우아하다는 말은 이별 뒤에 쓴 손편지

　나는 침묵을 감는다, 당신을 유령이라 읽으며

열정
- 프레임의 법칙

그 순간을 늙은 나무처럼 기다렸다

배반을 일찍 알아버린 붉은 잎들이 우듬지에서 떨어졌다

이제 모든 것을 내려놓아도 불편한 나이

우정과 사랑은 평생의 질문이었다

사랑이 끝났을 때 어떤 의문에도 꽃은 피지 않았다

그 질문마저 잊어버릴 시간

쌍둥이 같은 친구와 다른 별에 있는 두 사람의 불행한 연인

자책의 끝은 없었다

늙은 나무는 마지막 잎을 떨궈도 종말이 두렵지 않았다

<

다 비운 울음의 바닥 들여다본 적 있는가

어떤 열정의 굴레에도 갇히지 않는 몸짓 있을까

감정노출자

그 길 건너면 다시 돌아올 수 없어!

어둠을 느끼는 것은 생각이 있다는 것이지

제발 푸른 손등 보이지 마, 우리가 건널 수 있는 세상은 여기까지야

감정 없이 이쯤 왔다 생각했는데

이 지상에서 사라지는 기호들을 들여다봐

꿀벌들의 춤이 공중에서 지워지고 있어

더는 색깔을 느끼지 마, 슬픔마다 색이 달라

고요의 식탁은 이미 바람에 날아간 지 오래

너의 감정이 어젯밤 같았다고?
<

엉뚱한 나무를 만지듯, 과거의 빚을 말로 갚듯

그냥 걸어가다 보면 한순간 생각이 사라질 거야

툭툭 강물에 돌팔매질해 봐

몇 개의 동그라미가 떠가는지 무심해질 거야

눈물은 내 안에서 먼저 생기지, 그 후 스스로 가라앉아

최후에는 너의 붉은 늪이 되는 거야

4부

간절기

내가 소유하지 않는 꽃잎이 흔들린다

젖어 우는 소리를 내다가 숨 막힐 듯 쏟아진다

얼마나 큰 갈망이 그 안에 잠겨 있었던가

기침과 사랑이 떠난 후 목젖이 얼마나 부풀어 올랐는지

꽃봉오리 앓은 새벽에 목에서 종달새 우는 소리가 났다

한 번 두 번 지나간 사랑은 수직으로 올랐다 떨어지고

날아가면서 끌어당긴 붉은 날은 새벽 기침보다 늦게 온다

멈추지 않는 날갯짓에서 더운 공기가 퍼져 오른다

조금씩 심해지던 기침도 당신에게 잠겨 있던 목젖도
<

다른 계절이 오듯 찬찬히 가라앉는다

붉은 꽃잎의 오후가 눈가에 간절하게 피어 있다

황제 나비

당신의 날개에서 빛들이 사라지는 것을 보았다

나에게 날아오는 3,500km, 몇 생의 허리가 굽어 닿았다

꽃들의 불안도 보았고

어느 허리에서는 예고 없는 바람의 변화도 느꼈다

캐나다 동부에서 멕시코의 시에라 친쿠아까지

당신은 죽기 위해 겨울을 날았다

몸이란 잠깐 이 지상의 온도를 견디기 위한 도구

사랑은 거기서 가장 빛나는 축제

축제가 열리지 못하는 계절이 늘어나고 있다

언제까지 태양 없이 날 수 있을까

<
꽃들이 사라진다면 당신 숨결은 없을 것인데

나는 마지막 사랑을 목숨으로 기다려야겠다

동굴연인

동굴에서는 사랑도 거꾸로 자란다

무언가 물으면 자꾸 안으로 삼키는 당신의 대답

우리는 책동굴에서 만나곤 했다
벽에 그리움을 그려온 당신
비밀은 환상 동물처럼 점점 커지고, 어둠의 깊이만큼 아이들은 태어나 암호를 풀기 시작했다

처음에는 벽화를 만들고 시를 짓고 아이들을 가르치고
사랑을 나누면서 벽이 뜨거워졌다

숨을 곳이 많은 동굴에서
밀랍인형처럼 녹아 손만 닿아도 생명은 태어났고, 두근거리는 붉음에 입술은 구석구석 소란해졌다

키가 큰 당신은 높은 벽까지 손이 닿아서
호기심은 자꾸 생겨났다
<

당신이 꼭지를 딴 과일을 먹으면 동굴이 둥글어지고 당신이 담근 술을 마시면 몸은 검붉게 익어갔다

수 세기 후 우리가 숨바꼭질한 동굴은 찾을 수 있을까

모소 대나무

너에게 가는 길이 달팽이 속도였다면

네게서 돌아서 온 길에 들은 찬바람 소리는

시간의 어두운 쪽에서 흔들리고 흔들렸다

죽순이 흙의 내력을 아는 것처럼

너를 다 읽은 그 순간

푸른색이 내 안에서 자라기 시작했다

불우한 사랑은 이른 저녁 빛이라서 아주 천천히 번지고

칸칸의 욕망을 그린 그림처럼

눈을 뜨자 여름 바람이 떨어졌다

그때 너를 기다리는 순간들이 모여들었다

<

눈물방울이 뚝 떨어져 내렸다

그리움의 손톱이 빨리 자라는 하지에는

너에게 갈 수 없는 날들도 많아졌다

어떤 소녀의 기도

아르크투루스 별에서 온 소녀는 기도한다
이 지상의 시간이 천천히 푸르게 빛나기를

사라진 빙하는 바람의 나라에 갔을까

바다민달팽이처럼 광합성을 하는 소녀는 9개월보다 더 아무것도 먹지 않는다 빛이 내리도록, 물방울에서 빛이 굴절해서 생기는 그 현상이 기적이 되도록 손을 마주 잡는다

소녀의 울음이 저녁 별자리에서 그치고 아르크투루스는 더 따듯해지고 서로에게 내미는 웃음이 소녀가 한때 살았던 별을 생존하게 하는데

지구의 온도가 얼마쯤 높아졌는지, 그때 사랑은 얼마나 계산적이었는지 그 소녀의 기도에는 그런 주문은 없다

간절히 원하는 것은 무릎 꿇는 자세에서 이루어진다
<

소녀의 기도처럼 내가 당신에게 무릎 꿇었다면

그날 지구의 한순간을 빛나게 가졌을 것이다

체념증후군

불안의 모서리를 잊어버리고 싶어

잠의 가면을 썼습니다

나를 가둔 세상의 경계가 지워졌을까요

까맣고 하얀 점 위에서 내가 나를 쳐다볼 뿐이네요

사랑보다 불안은 몸으로 먼저 느껴져

네게 멀어져야 네가 다가오는 것을

잠으로 배웁니다

한없이 펼쳐지는 어둠에는 천사도 없습니다

꿈에서 늘 만지는 것은 어제였지요

꿈과 천사는 희망에 가까운데 나는 그 경계

<

어느 善에도 없습니다

'누가 나를 들여다보는가 꿈 밖으로 뛰쳐나와서도 길을 잃었는데'*

내가 바라는 것이 있기는 한 것일까요

사랑을 체념하면 오래 잠에 빠진다는데

내게 가장 무서운 사랑 체념증후군!

* 미국 시인 이월란의 시 「Re: 꿈」에서 가져옴.

합곡

늦여름 느릅나무 같은 손 맞잡은 적 있었지

너무 어둡지도 개이지도 말자는 혈자리였어

그냥은 만져지지 않는 엄지와 검지의 깊은 뼈 사이

가장 먼 별자리를 탁본한 것처럼 깊은 합이 생기는 곳

천주 내관 노궁 곡지 신문 백회가 아닌 합곡에서

너는 검지로 나는 엄지로 하나가 된 적 있었지

조금은 찌릿하고 약간은 신선한 밀어가 부딪히면

오래전 폐그물에서 빠져나온 바다거북의 거친 숨소리가 났어

이별 여행은 혈자리가 붉어 네가 나로 순환되지 않은 것
<

스무 살 적 누나의 따뜻한 입맞춤처럼

그때 깊숙하게 묻혀 있던 카시오페이아 별자리를

오늘 다시 맞추어 본다 合谷은 가깝다고 닿는 곳도

멀어서 닿지 않는 곳도 아니다 지금 우는 몸이 깊다

시에스타

나비 날아다니는 곳에 서 있으면 나비가 될까요

여섯 번째 시간에 잠드는 'hora sexra'

가끔은 sex보다 잠이 달콤하여 이 지구를 가볍게 하네요

웃는 얼굴의 수도승처럼 연못에 저녁이 내리네요

몸은 잠을 기억하고 생생한 사랑은 통증을 원하기도 하네요

이제 쉬고 싶어요, 자정의 눈동자처럼

사랑 후의 깊은 잠, 그걸 기억하는 원시遠視처럼

따듯한 나라에서 잠은 사랑이네요 눈꺼풀이 풀리네요

그 시간에는 사는 게 어렵다고 투덜거리지 않아요
<

가끔 서로의 눈을 잠든 것처럼 감겨주면 되네요

그때 비로소 속눈썹이 나비처럼 팔랑일 것이네요

그 후 지구가 아프다고 말하지 말아요

사랑 없이도 잠은 부족하지 않네요

인셉션[*]

  그 순간이 꿈이 아닌 것처럼
  부끄러움은 심장보다 붉었다

  네게로 가서 숨 쉬며 비밀 하나 갖고 싶었는데 얼음이 녹던 저녁만 반복해서 떠오르는지

  그날 머리칼을 만지던 나를 너의 생각에 심기는 했을까

  너를 존재감이라는 한자로 쓰니 낯선 이름 같다

  귀가 그리 밝은지
  다가가는 발걸음을 듣는 발걸음, 운명을 생각하며 너의 꿈에서 한밤 새우고 싶었던 나는 푸른 사내

  2호선 전철에서 먼저 내린 너는 어떤 꿈에 먼저 환승하였을까

  유리로 막힌 사이는 좁힐 수 없다는 것을 늦게 알았다
  <

생을 두 번 꿈꿀 수 없는 순환열차

다시 한 바퀴 돌아온 역에 너는 없고 나는 언제 내릴지 결정하지 못했다

나는 본래 너의 꿈에 없는 열차였을까

* 영화 Inception.

겨울 나비

저 가벼운 몸에 우주의 농담이 있다

구겨진 휴지 같은 너는 햇살을 허기로 적는다

절절하게 내려앉은 꽃의 입구가 붉었다는 기억

시들지 않기 위해 꽃대에서 끌어올린 수액들

저 꽃이 지지 않았으니 너는 다시 봄으로 날 수 있다!

'겨울나기 위해 날개를 말려야 해' '농담해'

들어올려 본 것 중 가장 가벼운 꽃그늘 속에

너의 허기가 가라앉아 있다

한때의 환희를 너의 가는 다리가 매달고 있다

꽃의 배꼽에서 날개를 접었다 펴는 상상

<
겨울 폭풍이 시작한다

문정영의 일곱 번째 시집
『술의 둠스데이』를 읽고

   문정영 시인의 제7 시집은 놓아버릴 것들과 슬픔의 본질을 생각하는 나이에 쓴 개성적이면서 깊이 있는 시들로 이루어져 있다. 특히 번득이는 언어와 삶의 명상, 그리고 인류의 생명성을 위협하는 기후 위기와 지구의 미래를 염려하는 시인의 시적 의식이 선명하다. _ 허형만(시인)

  "오래전 헤어진 눈빛을 기억하여(「천장 선풍기와 빨랫줄」), 사랑의 색깔 다시 배웠다(「로제와인」), 이제 우리의 이별을 아프리카 대륙처럼 내려놓아도 될까요?(「모나코 모로코 모르핀」), 가끔은 빠찡코에서 잃어버린 달러처럼 놓아버릴 수 있다면(「walk in, 나선형 꽃잎」)-" 문정영 시의 시적 대상으로 환치되는 '너'는 꽃, 나비, 벌, 우주. 전철, 대지, 지평선, 영화의 이미지-, 그리고 실체의 연인인 '너'로 환유된 한판 사랑의 잔치 마당이다. _ 이영춘(시인)

   문정영의 시는 삶의 찰나를 응시하며 쓴 서정적 이야기다. 혼잣말이다. 따뜻한 물음이고 뼈 아픈 실언이다. 그는 기억이

나 감정을 날실과 올실 삼아 삶의 비밀을 직조한다. 어디에도 거짓과 허장성세가 없다. 올곧고 정직하다.「저어, 저어새」「탄소발자국」같은 시는 깊은 관조의 시선이 도드라진다. 시집에는 이런 매혹적인 수 작들이 풀숲에 머리를 처박은 꿩같이 숨어 있어 읽는 기쁨을 선사한다. _ 장석주(시인)

시니피앙 놀이, 말이 말을 불러와 눈사람으로 굴러가는 시. 말과 말이 만나 통통 굴러가는 경쾌한 리듬 속에는 지구의 미래를 걱정하는 호모 사피엔스의 진지한 마음이 청금석의 말로 새겨져 있으니. _ 장옥관(시인)

"이제 모든 것을 내려놓아도 불편한 나이/ 우정과 사랑은 평생의 질문이었다"(「열정」). 이 구절은 문정영 시인의 일곱 번째 시집『술의 둠스데이』를, 아니 시인의 생애와 전 인류의 삶을 관류한다. 시집 전체에 면면이 펼쳐지고 이어지는 애이불비(哀而不悲)의 섬세한 문장들이 등고선을 높여가며 독자의 이성을 감성 체계로 나아가게 한다. "너를 얻기 위해 나무 한 그루에 그늘이 차도록 물을 주었던가"(「복숭아뼈 물혹 같은」), 에서 어떤 필력을 더 요구하겠는가. _ 정숙자(시인)

문정영은 "삶이 한 잔 와인 같다면 얼마나 숙성되어야 할까"라고 술에 패티쉬하는 NK세포가 많은 시인이다. 그는, "(술이) 몸속에 들어와 숨쉬기 곤란한 질문…"을 하다가도

"(그런데 벌써) 저녁을 감싸고 있는 술잔들이 따뜻해졌다"라고 회광반조(廻光返照)할 정도. 大醉 후 금방 쾌청한 정신을 복원하는 놀라운 정신력과 '모소 대나무'처럼 싱싱한 EM에너지로 엮은 7번째 시집을 축하한다. 많은 이별을 담은 『술의 둠스데이』 뒤의 폭발에도 크게 주목된다. _김영찬(시인)

문정영의 시는 깊고 신비롭다. 오랜 시간 견딘 상처는 슬픔을 이겨내고 한 편의 시로 숙성된다. 인사동 골목 한지 불빛 아래 갈 곳을 잃은 새들이 모여든다. 기후 위기 시대, 날고 싶은 날개를 비벼대던 멸종하는 새처럼 그들은 어느 새의 날갯짓을 습작하는 것일까. 차가운 햇살을 데우는 따뜻한 술잔과 잘 발효된 한 편의 시. 오염된 구석을 피해 펼쳐놓은 청정한 상상력이 시집 곳곳에서 빛난다. 원초적 순수의 세계이다. _박민영(문학평론가)

사석에서 가끔 문정영 시인의 술에 물든 옆모습을 건너다본 적이 있다. 어쩔 땐 유배자의 모습이고 어쩔 땐 고독자의 형상이다. 만약에 그가 슈퍼마켓 주인아저씨의 신분이었더라면, 전라도에서 흔히 쓰는 말로 좀 거시기 해졌을지도 모를 풍습 같았다. 하지만 그는 문정영이었고 문정영 시인이었기에, "시산맥"을 넘어가는 단독인의 기색을 고즈너기 지켜보게 해주었던 것 같았다. 어언 7권에 이른 작금의 그의 시집에 와서 그가 돌보며 왔던 "저어새"들의 등을 가만히 매만져 본다. "뱉어놓은 술 찌꺼기를 가장 많이 먹는 짐승은 위대"하다는 각성의 순간들이라면, 그는 그렇게 간난의 "찌꺼기"들 뒤에서 자신의 시를 위대함의 쪽으로 날려 보낼 수 있으리라 믿는다. _정윤천(시인)

  문정영 시인과 긴 세월 간헐적으로 만나온 곳이 육체도 정신도 감정도 포함하는 영혼의 세계였음을 이번에 재확인하였습니다. "한 사람이 한 사람 안으로 들어갈 때 우주가 열"리고 "우리가 볼 수 없는 모든 빛이 피어나"는 걸 믿습니다. "시를 쓴다는 것이 허상을 끌어안고 있는 것" 같아도, "나의 무질서를 너의 질서로 잡아주기를 바"라는 "간절함"으로 살아가기에, "사랑 체념증후군"이 가장 무섭습니다. 문정영 시인의 "한 문장"이 더욱 빛나시기 바랍니다. _ 이만식(시인)

  문정영 시인에 대한 문단의 한결같은 평은 참 대단한 사람이라는 것이다. 문예지 발행인으로서의 그가 우리 문단에서 매우 특별한 위치를 차지하고 있음을 부인할 사람은 없을 것이다. 아마도 그가 문학에 대해, 시에 대해, 문예지에 대해 쏟고 있는 열정이 만들어낸 결과이리라. 그가 일곱 번째 시집 『술의 둠스데이』를 낸다. 시집의 전체적인 어조는 부드럽고 따뜻하다. 꽃과 나비와 소녀와 사랑이 한 곳에 어우러져 있다. 그러나 문정영 시인이 노리는 것은 서정성에 대한 추구만은 아니다. 그는 블록체인, 루시, 메타, 유튜브, 프레임의 법칙, 기후환경을 이야기한다. 현실 문제를 결코 놓치지 않겠다는 것이다. 아니, 먼저 이끌고 나가겠다는 것이다. 그가 추구

하는 길을 언제까지나 응원한다. _ 한명희(시인)

　문정영의 시들은 부양(浮揚) 중인 꽃씨 같다. 그것은 중력을 거부하고 공중에 떠오르지만 바닥의 삶을 외면하지 않고, 바닥을 쳐다보지만 초월의 허영을 좇지도 않는다. 그의 시들은 중력과 초월의 긴장 안에서 "붉은 사람의 향기"와 "새벽 푸른 명상"을 연주한다. _ 오민석(시인·문학평론가)

　이번 시집에서 문정영의 시가 향하는 곳은 생태 환경 부분이다. 그곳은 인간이 겸허한 노력으로 닿아야 할 항구한 시의 지평일 것이다. "나는 풀잎 한 포기의 지배자도 되지 않을 것"이라는 메리 올리버 편에 놓이는 그의 인식은 '지구가 부양할 수 없는 사랑은 사랑이 아니'라고 항변한다. 세계의 원본을 그리워하는 자, 푸른 기를 올리며 우리가 가야 할 곳, '멸종하는 어느 새의 날갯짓'을 복원하기 위해 그는 이미 가고 있다. _ 이규리(시인)

　이것은 망원경인가! 현미경인가!
　문정영의 시에서 나는 내 앞에 놓인 거울을 보고 있다.
　거울은 360도로 내 몸과 마음을 투시한다.
　멀리 보는 것은 과거에서 미래의 지구를 보고
　가까이 보는 것은 꽃과 나무, 발아래 풀잎 같은 가냘픈 생명이다. _ 김삼환(시인)

문정영 시인의 제7시집 『숲의 둠스데이』에서 "갈 곳 잃어버린 새 떼들"이 "미세먼지 자욱한" 잿빛 하늘로 날아오르는 풍경을 바라보며 "멸종하는 어느 새의 날갯짓"을 받아 적어야만 하는 현실은 인류에게 다가오는 종말의 임계점을 예보한다. "풍요했던 이스터섬이 사라지고 워싱턴 서울 동경 상하이의 바다 온도가 조금씩 높아졌다는 뉴스"는 이 종말의 막다른 골목을 알리는 '심각 경보'가 아닌가! 이런 견지에서 볼 때 문정영의 『숲의 둠스데이』는 생태적 비가(悲歌)의 시편이다. 그의 비가는 에드바르 뭉크의 「절규」에서 붉은 하늘을 향해 각혈하듯 토해내는 고통의 외마디를 닮았다. '탈출구가 더 이상 보이지 않는다'라는 비탄의 비가는 '그럼에도 탈출구를 찾아야 한다'라는 마지막 희망의 절규이기 때문이다. _송용구(시인·문학평론가)

　사랑한다는 것은 끝없이 기다리는 것이다.
　끝과 끝을 견디게 하는 힘은 무엇일까.
　시인은 사랑을 의심하지 않는다.
　"그", "그녀"라고 부르지 않고 "너", "당신"이라고 부르며
　완곡하게 다가가는 시인의 무릎걸음이 보인다. _김종미(시인)

　문정영 시인의 7번째 시집 『숲의 둠스데이』는 포노 사피엔스에 대한 기록이다. 아니, 호모 돌로리스(homo doloris 슬픈 인간)의 아픈 사랑에 대한 서사다. 그의 시를 읽는 동안 병든 지구의 마지막일지 모르는 울음소리가 들려온다. 사라지는

무당벌레들과 등껍질이 얇아져 가는 갑각류, 붉은 바다의 처절한 비명이 갈라지는 빙하의 울음에 섞여 들려온다. 최후 심판의 날-둠스데이로 향해가는 지구의 한 모퉁이에서 아로파(Aropa)를 힘겹게, 그러나 간곡하게 외치는 시인의 절박한 호소가 들려온다. _ **강기원(시인)**

  일생 한마음으로 걸어온 그의 눈빛이 이순의 노을빛에 그윽하게 빛난다. 시가 세상을 건너는 도구라면 그의 시는 지금 생의 한가운데를 뚜벅뚜벅 지나는 우보천리의 수레처럼 굴러가고 있다. 먼 길 위에서 고단하지만 "웃는 얼굴의 수도승처럼 연못에 저녁이 내리"는 은성한 시업의 배후에 그의 "우는 몸이 깊다" 지상을 건디기 위해 "풀들이 순해지기까지" 사람 좋은 그의 시에 대한 열정과 사랑이 "흔들리는 뿌리"에 닿는 순간 미지의 어둠 속에서 시의 꽃봉오리들이 환하게 터진다. _ **이덕규(시인)**

  문정영 시인의 시는 극서정을 지향한다. 이번 시집 『술의 둠스데이』에 실린 시들 대부분 이런 극서정의 전형을 보여주고 있는데, 그의 시가 이런 특징을 지향하는 것은 그의 삶과 무관치 않아 보인다. 그는 일당백의 시정신으로 홀로 시전문지와 시문화를 이끄는, 일평생 시를 떠나 살아본 적 없는 천생 시인이다. 시인에게 서정이란 것이 없을 수 없으나, 이를 극서정이라 칭한 이유는 유독 그의 심기가 여리고, 맑고, 시심이 깊은 데서 기인한다. 나는 그가 화를 내는 모습을 단 한

번도 본 적이 없다. 그의 눈은 깊고 투명하며, 매사에 그윽한 웃음으로 사람들을 바라보고 사물을 응시한다. 마치 석가의 염화미소(拈華微笑)를 현시하는 듯하다. 그런 그의 태도가 시 한 편 한 편에 정성과 연륜으로 애달프게 고여있는데, 모든 시편들이 물 흐르듯이 편안하고 향기롭게 익어있다. 표제시 「술의 둠스데이」에서, '자정 지나 혼잣말'을 하며 '따뜻'이 '저녁을 감싸고 있는 술잔들'을 바라보는 그의 시선은 끊임없는 시인의 고뇌를 대변한다. 이제 나는 그를 한국의 시인이라 당당히 말할 수 있다. 그가 시인이 아니라면 누가 감히 우리 시대 시인이라 불릴 수 있겠는가. _ **권영준(시인)**

　멀리서 혹은 가까이서 문정영 시인의 시를 읽고 보았다고 생각했다. 그러나 틀렸다. 나는 그의 껍질만 보았을 뿐, 그의 시를, 내면을 깊게 읽어본 적이 없다. 이렇게 따뜻한 청심(淸心)으로 시를 쓰는 시인이 몇이나 될까. 이렇게 애틋하게 움켜쥐지 않는 사랑을 이야기한 시인이 또 어디에 있을까. 그는 이제 "장난칠 여름이 보이지 않는다"라고 고백한다. 그러나 그것은 그저 하는 말. "네게 멀어져야 네가 다가오는 것"을 이미 아는 지금 그는 비로소 "마지막 사랑을 목숨으로 기다려야" 할 때임을 알고 있다. _ **손현숙(시인)**

　시집 『술의 둠스데이』는 편편이 사랑이다.
　거의 전편이 사랑에 관한 탐구이자 언어적 좌표다.

필연적으로 시는 사랑일까?
"사랑은 지상에서 가장 빛나는 축제"라고 믿는 시인은 마침내 "마지막 사랑을 목숨으로 기다려야겠다"라고 노래한다. _ 김이듬(시인)

벌써 7번째 시집이라니, 부럽다. 무엇보다 시인의 "저녁을 감싸고 있는 술잔"이 오래 따뜻했으면 좋겠다. "간에서 자라는 물혹" 같은 거 키우지 말고, 짤랑짤랑 "술병에 담"고 싶은 사람들만 주변에 가득했으면 좋겠다. 어쩌다 만나면 내가 "볼 수 없는 모든 빛"을 다 끌어안은 표정으로 나를 배 아프게 했으면 좋겠다. 시구로 EM 세제 만드는 법도 깨알같이 광고하는 사람이니, 그의 여름이 무지 많이 남았으면 좋겠다. _ 안차애(시인)

이 시집은 전반적으로 환경을 생각하는 마음과 이별의 메카니즘 속 체념의 지혜와 잠을 통한 치유를 에로티시즘적인 시적 장치를 통해 도발적이고 제목이 궁금증을 유발한다. 소설 영화 다큐, 유튜브, 비트코인 등 시적 스펙트럼이 시대를 환기한다. 마지막 사랑을 기다리는 황제나비를 응원하고 싶어진다. _ 안명옥(시인)

HELLO, WORLD. 혜성 탐사선 로제타가 태양계를 가로질러 45분간 날아와 발송한 두 단어. 지구에서 8억 킬로미터 떨어진 목성 인근 궤도에서 태양과 멀어져 알람시계와 일부 히터만으로 작동하다가, 다시 태양과 가까워져 필요한 에너지를 받고 가동되면서 지구에 보내온 단어. 헬로, 월드. 『술의 둠스데이』를 읽는 동안 로제타의 인사가 자꾸 생각난다. 로제타가 마지막으로 보내온 희미한 화면은 불안한 지구의 모습. 아, 누가 다시 우리를 불러 안녕한가 물어줄 것인가. _**신정민**(시인)

  문정영 시인의 시에는 일상과 생활 주변의 정물과 시인의 내면과 세계를 바라보는 시인의 단상이 정물화처럼 기록되어 있다. 그는 먼 인류의 시원에서부터 첨단 기술의 세계에 이르기까지, 환경문제와 인류의 미래를 향한 여정이 담겨 있어 폭넓은 시간과 공간을 아우른다. 그리고 그 속에서 우리가 가장 필요로 하는 것이 다름 아닌 사랑이라고 말한다. _**서영처**(시인)

  지구 행성과 환경에 대한 사유가 척추를 이룬다. 인류세의 지구는 더 이상 안전한 행성이기를 거부한다. 생태계의 최상위 포식자 인간에게 지구 환경을 파괴하고 지구를 위험에 빠뜨릴 권리가 없다. 인류 심판의 날, 둠스데이를 향하는 시적 화자의 예리한 시선이 환경 파괴와 재난에 대한 위기감과 부채감을 넘어 회복을 위한 책임 있는 실천을 궁구하게 한다. 루시, 당신은 인간이 이 행성을 우주의 블랙 유머로 만들 줄 몰랐겠지. 외바퀴 지구를 굴리며 우주의 궤도를 나아가는 나무 자전거가 희망일까. _**최정란**(시인)

탄소발자국이 늘어간다. 젊은 시절 가지고 놀던 "강의 종아리, 풀꽃의 입술, 느티나무의 가슴"(「탄소발자국」)은 마흔이 넘어서부터 만질 수 없게 되었다. "서로를 원할 때마다 불완전한 발자국을 몸에 남"길 뿐이다. 문정영 시인은 어긋나고 흔들리는 불완전한 길 위에 서 있다. 더 이상 "꽃들이 잠들지 못"하는 거리를 읽고 나무들이 울먹이는 소리를 들으며, 오래전부터 별이 보이지 않는 하늘을 쓰기 위해서다. 시인은 안다. "지구가 부양할 수 없는 사랑은 사랑이 아니"(「붉은 콘돔」)라는 것을. 나와 당신이 서로를 업고 받쳐주던 따뜻한 관계들에 대한 열망으로 시인의 마음은 가득하다. 이상기온으로 무너져 버린 우리의 일상과 총성과 폭발음에 두려워 잠들지 못하는 우리의 이웃들, 서로를 신경 쓰지 않는 불편한 관계들이 모두 한곳에 모여있다. 집을 잃어버린 미래의 당신을 만난다. _ 이송희(시인 · 평론가)

활어의 언어로 포착한 시대적 정황이 시편 곳곳에서 활성화된다. 시인의 감수성과 시어들이 가공할 예감에 반향한다. 꽤나 어두운 화두를 문정영이라는 감수성이 환기하니 관심을 유도하고 접근성마저 용이하지 않은가. 문정영의 7번째 시집, 『술의 둠스데이』는 세계를 바라보는 그의 시선 이동이 여실하다. 예전의 시집들과 변별점을 갖는 지점이다. 허구가 현실로 변환되어 보편성에 이른 작금을 형상화한 것은 계륵을 주시하는 일, 메타버스에서 "시를 쓴다는 것은 허상을 끌어안

고 있는 것"인가라는 질문 또한 도미노로 사유의 지평을 촉구한다. _ 정재분(시인)

    시의 언어를 따라가다 보니 복합적이지만 단일한 한 사람의 목소리가 들리는 듯하다. 한 사람의 목소리는 세계와 연결되어 있고 그 세계는 도래했거나 도래할 세계의 비의를 응시하고 있는 듯하다. 보이지 않는 것을 그려내고 들리지 않는 것을 듣는 일처럼 그 목소리는 섬세하지만 감정과 이성이 잘 조율된 목소리이기도 하다. 간절하지만 간절한 만큼 다가갈 수 없고 사랑하는 것만큼 사랑할 수 없는 대상과 세계 앞에 서 있는 화자의 목소리 속에서 곧 익숙해질 새로운 문명의 목소리를 듣는 일은 지금, 여기를 충실히 대면하고자 하는 언어의 자의식에 연루되었기 때문일 것이다. _ 이재연(시인)

    문정영 시인을 오래 곁에서 지켜보며 내가 얻은 단어는 '어질다'였다. 여러 사람을 살피고 돌보는 데 주저함이 없는 어진 이, 헤아리고 살피는 사람의 문장은 단단하고 깊고 다정하다. 곧고 순일한 마음은 멀리, 또 깊이 가 닿을 수 있다는 사실을 나는 문정영 시인에게서 배웠다. 어진 이는 저어할 줄 알기에 "따듯한 곳으로 슬픔을 옮기"(「저어, 저어새」)는 법을 우리에게 알려 준다. 시인의 성정을 닮아 편안하고 선선하여서, 곁에 두고 오래 마음을 기대고 싶은 시집이다. _ 이혜미(시인)

시인은 "너무 어둡지도 개이지도 말자"라는 「합곡」의 혈자리처럼 우주에서 생성되는 모든 것을 인간의 형상과 맞추어 잘 짚어주었다. 이 시집에서 주는 메시지는 기후변화가 우주에 미치는 영향과 생태계 그리고 인공지능에까지 관계하지만 "저 가벼운 몸에 우주의 농담이 있다"(「겨울 나비」)처럼 결국엔 나는 다시 봄으로 날 수 있다는 '희망'으로 회귀하고 있다. _정국희(시인. LA)

　문정영 시인의 '일곱 번째 詩艦船' 『술의 둠스데이』가 40개 깃발을 달고 출항하였다. 시단에서 사라져가는 서정성이 은유와 내재율에 녹아 있어 감동이 깊었다. 상실의 아픔을 치유할 알고리즘의 속울음을 멈춘 생경한 제목들을 대할 때, 호흡이 막혔고, 사물(우리)의 존재, 자태가 변해버린 미래에 이미 당도해 있다는 충격에 한 편도 제목만 읽고 지나칠 수 없었다. 문정영 시인은 『술의 둠스데이』를 통해 현대의 사물을 묘사해온 패러다임을 전환한 새로운 상징과 은유로 메타버스 시대를 사는 사물의 자태를 재창조하고 있어 슬픔 어린 두려움으로 명치가 먹먹했다. _김필영(시인·문학평론가)

　'술병 뒤에 숨어 독작'한 그의 둠스데이는 최후의 심판이나 운명의 날처럼 과장되거나 작위적이지 않다. 거대한 운석이나 유성 폭풍 같은 드라마틱한 장치도 없다. 하지만 그 마지막 대상이 지구가 아닌 술이라면 의사의 마지막 경고처럼 덧없지 않다. 눈 맞추기 좋은 높이로부터 부서져 내리는 잔잔한 윤슬처럼 밀도 높게 반짝인다. 마지막이 어디든 슬픔마저 '따뜻한 곳으로' 옮겨지는 사이 무름한 사유가 발효 중인 누룩의 말, 오래오래 곱씹어도 싱거워지지 않는 맛이다. _ 이월란(시인·유타)

 오래 언어를 만지면 그 결도 투명해지는가 보다. 여태껏 보았던 문정영 시인의 어떤 시보다도 맑고 간결한 문장이 나비처럼 나풀나풀하다. 그것은 여름날 이른 아침에만 볼 수 있는 이슬 같기도 한데, 젖을 수 있을 때 젖은 꽃잎처럼 무늬가 선명해서 눈이 시리다. 노련하게 세공된 듯하면서도 무심하게 툭툭 뱉어낸 시의 행간 칸칸이 여백은 또 어떠한가. 당신에게로 가서 비밀 하나 갖고 싶은 푸른 사내의 숨이 몹시도 낯설게 때때로 가까이에서 운명처럼 앉아 있다. 두 번째 농담을 뛰어넘어 이제 한껏 가벼워진 몸이 된 우주의 농담이 가득한 시집이다. _ 강재남(시인)

 잃어버린 삶의 싱싱함을 담아내는 젊은 시,감각적인 푸른 문장들, 초록이 가득 흔들리는 시어들,현실과 가상이 한 세계로 연결되는 통로에서시를 쓴다는 것은 무엇일까 생각하게 하는 시집.와인같이 숙성된 순간을 세상으로 끌어내어 펼쳐 놓는다. _ 서영택(시인)

 페이지를 넘기자마자 문정영 시인의 시가 살아 움직이듯 몸이 근질거려 전율이 일어난다. 관능적인 표현과 사랑의 메신저를 술에 기대 신체 부위 곳곳을 호명하여 은유를 태우고 있는 이미지는 서정의 완성도를 보여주고 있는 천생 시인이다. 서로를 원할 때마다 불완전한 탄소발자국을 녹이는 장면은 쓸쓸하다 못해 처연하다 모르핀의 마약처럼 중독될 시인의 기록을 읽으면 죽어가던 연애 세포가 살아날 것이다. _ 김송포(시인)

 둠스데이를 준비하는 시인의 울림 있는 독백 혹은 방백 – 마지막 사랑을 목숨으로 기다려야겠다는 시인, 몸속에 들어와 숨쉬기 곤란한 질문, 이별 앞에서 시인은 현실과 가상이 한 세계로 연결되는 통로인 시의 집 곳곳에 동쪽으로 푸른 문장을 옮기고 있다. _ 이 령(시인)

 '술병 뒤에 숨어 술잔에 이야기하며 독작'해오신 고독의 길이었군요. 마침내 '자정'이 지났습니다. '더는 당신이라는 말을 술병에 담지'도 말고 '어떤 것이 사라질까' 두려움도 없이 술병 뒤에 숨을 일도 없이 굳건하게 '독작'하실 일이겠습니다.
 _ 전비담(시인)

 내 안의 '뿌리'가 자라는 동안, '상처'도 자라난다. 그리고 '복숭아뼈 물혹' 속에 숨긴 기억들을 꺼내어 '모소 대나무'처럼 그리움의 허기를 한꺼번에 채우기 시작한다. 여름내 배춧잎을 갉아 먹은 '배추흰나비 애벌레'가 한겨울 비상을 시작하는 순

간, 그가 꿈꿔온 '메타버스'는 완성되었다. _김남권(시인)

의도와 의미를 파고들어도 하나로만 고정되지 않는다. 파장하는 시, 다채로운 세계를 형성하는 시, 변형과 변모의 과정이 때로는 "달콤했다" 때로는 "떨리는" 시. 시인은 "영등포 작은 주점에서 사랑의 색깔 다시 배웠다"(「로제와인」)는데, 그 언저리를 배회하는 나는 사랑을 처음 대했던 그 떨림으로 회귀하고만 싶어진다. _최연수(시인)

기후환경문학상을 제정하여 시행하고 있는 『시산맥』 발행인 문정영 시인의 이번 시집 『술의 둠스데이』는 환각 상태가 되어야 살아갈 수 있는 지구인에게 던지는 당연하고도 강력한 호소문이다. 자정 능력을 상실하고 균형을 잃은 자연의 반격은 이미 시작되었다. 화학 약물에 항거하는 종의 개체수는 기하급수적으로 늘어나고 지구의 온도가 빠르게 올라가 빙하가 녹아내리고 섬들이 사라진다. 오염된 땅의 질문에 울먹이는 나무들, 갈길 잃은 새들의 방황, 정체를 알 수 없는 각종 바이러스의 등장 등 지구 멸망의 징후는 차고 넘친다. 최후의 날이 오기 전 이제라도 인간 중심의 탐욕을 내려놓아야 한다고 시인은 울음 섞인 메시지를 던지고 있다. _김혜천(시인)

흔들림이 없다면 선율도 없을 것, 사랑이 없다면 인생도 없을 것! 이라고 외치는 화자의 등에 바다 액자를 걸어본다. 바다 생물들이 기어 나온다. 꽃으로 여인으로 끝없이 변하면서. 진화하면서. 여전히 우리에게 맞는 색깔은 익지 않고, 바다는 이제 먹을 갈 깊이가 없지만…. 출렁거리면서도 넘치지 않는 등이 남았다. _**지관순(시인)**

 이번 시집 『술의 둠스데이』는 시상을 다채롭게 표현한 부분이 돋보인다. 말랑말랑하면서도 강렬한 느낌을 동시에 가지고 있는 아주 묘한 매력이 있다. 주로 기후의 심각성을 붉음의 이미지로 형상화하여 생명체들의 위태로움을 불러온다. 개인에서 지구, 우주까지 확장해 우리 모두에게 물음을 던지고 있다. 붉음의 시간이 가속화되고 있는 강렬한 이미지가 때론 색채대비를 통해 순화하기도 하면서 모든 생명들의 조화를 생각해 볼 수 있게 한다. 서로 공존하며 살아가는 이 공간에 제일 먼저 붉은 신호등을 켜는 시집이라 하고 싶다. _**려 원(시인)**

 문정영 시의 웜홀 Wormhole에는 무수한 '우리'가 있다. 서로 다른 가상의 공간을 잇는 통로, 그곳에 카시오페이아 별자리를 놓는 건 그대의 몫! 독작의 최후가 둠스데이라도 흔들리고 싶지 않은가? 현란한 상상의 파편이 감동의 합곡을 정확히 짚을 것이다. _ **이선정(시인)**

 좀 더 놓아버릴 것들을 찾아야겠다는 실언을 하고 멸종하는 어느 새의 날갯짓을 습작하는 시인을 모른다. 농담을 좋아하고 숨겨진 나선형 숨소리를 듣는 귀 밝은 시인을 모른다. 겨울나기-농담은 나란히 놓았다 접힌다. 잊어버린 귓속말이 어느 저녁 한가운데를 맴돌 때 따듯해지려면 그와 함께 술잔을 기울이며 농담을 주고받고 n번째 시를 읽으면 어떨까. _강 주(시인)

더 이상 만질 수 없는 아픈 '당신'에게 시의성 있는 비유로 말하는 시적인 언어들. 이 시집에 담긴 모든 에로티시즘에는 여기에 합당한 이유가 있다. 사라짐과 종말의 표징으로 엄습해 오는 '당신'은 마지막 숨을 몰아쉬는 모습으로 현전한다. 우리가 간절함도 없이 호기심과 소비적 행태로 만난 '당신'은 지금 자멸이 아닌 공멸의 징후를 타전 중이다. 계절의 실종과 침묵 속에서 몸 붙일 대상을 찾지 못하는 생명체의 마지막 날갯짓, 미래를 앞당겨 써 버린 기술력으로 인류의 진보를 확신해 온 테크네에 대한 의심, 그런 까닭에 점차 사라져 가는 '당신'을 놓아버려선 아니 될 간절함을 이 시집에 녹여낸다. 하여 '당신'이라는 명명은 점차 '우리들'이라는 복수 인칭으로 각인되기 시작한다. _김효숙(문학평론가)

어떤 시인의 말에 따르면 시집 일곱 권은 출간해야 진정한 시인이 되는 거라고 하였는데 드디어 진정한 시인이 되신 건가요! 축하드립니다. 한 번 읽는 것과 두 번 읽는 느낌이 다르다는 것은 시편에 내재하여 있는 의미와 사유의 폭이 깊고 넓은 것으로 보입니다. 특히 시인은 패티시한 것들에 천착하고 있는 것 같은데 패티시한 것들이 결코 인간에게만 느껴지는 것이 아니라 유생물이든 무생물이든 주변의 모든 것이 시적으로 인용되고 있음을 알 수 있었습니다. 피부이든 깃털이든 눈물이든…. _ **조세핀(시인)**

   시는 곧 시인이라는 사실을 증명한다. 끊임없이 미래를 지향하면서 현실에 확고한 시인이 여기 있다. 시인의 어질고 훈훈한 성정이 어떻게 이루어졌는지 가늠해보는 〈녹명〉을 만나 고개를 끄덕이다가 어느새 〈동굴연인〉에 이르러 한참을 머물렀다. 소소하면서 우주적이고 한없이 사랑이고 자연인 모든 시편들의 '커다란 눈망울'이 온화한 어조로 기필코 할 말 다 하고 있어 허리를 쭉 펴며 든든하다. _ **정재리(시인)**

   '지구'라는 시어가 20번 반복된다, 40편의 작품에서. 문정영 시인의 일곱 번째 시집 제목은 『술의 둠스데이』다. 그는 "내가 자란 만큼 술이 사라졌"을 리 없다는 누군가의 말로 시작한다. 이어진 "지금까지의 여행을 지워"간 "탄소발자국"과 "빙하가 당신의 울음"이라는 진술을 미루어 볼 때 시인은 "지구의 눈물"을 이별의 증표로 믿는 듯하다. 그리곤 "내 눈동자에서 남태평양 섬들이 가라앉고 있"다 라고 서술한다. 하지만 다른 작품에서 살펴볼 수 있듯이 그는 그대로 주저앉지 않는다. 비록 지구가 "시속 1,500킬로의 속도로 일찍 뜨거워지고 있"지만 그럼에도 그는 "그렇게 하루쯤 빼어서 수수하게 당신과 잠들고 싶"다 라고 노래하며 희망을 놓지 않는다. 『시산맥 기후환경문학상』을 제정한 그는 관련 활동을 이어가고 있다. "아르크투루스 별에서 온 소녀"의 기도처럼 "이 지상의 시간이 천천히 푸르게 빛나기"를 함께 기원하며. _ 이동우(시인)

수백만 장의 잎으로 '탄소발자국'을 지우는 나무처럼 그는 묵묵히 텅 빈 제 속으로 또 다른 발자국을 남긴다. 껍질이 벗겨지고 몸통이 뒤틀려도, 숲이 나무를 포기하지 않듯 그의 시는 매번 다른 이야기를 들려준다. 책장을 덮은 우리는, 나무의 꿈과 사랑과 이별을 잊지 않는 종이가 된다. _ 박동민(시인)

문정영 시인의 시를 읽으면 자꾸 시선이 창밖으로 빠져나간다. 그곳에는 시가 가득 차 있었고 모든 자연이 문장 안으로 들어와 있는 느낌이라면 내가 너무 시인의 상상 속에 빠진 것일까? 찰랑거리는 물 소리, 새 소리, 바람 소리, 풀벌레 소리까지 울려 퍼진다. 내가 마치 자연에 갇혀 있는 듯이 말이다. 시인의 시선은 밖에서 돌아올 줄 모르고 있다. 자연을, 지구를 사랑하는 그의 마음이 진심이라는 것을 시를 읽으면서 느낄 수 있을 것이다. 그의 시집 『숲의 둠스데이』는 자꾸 나 자신을 뒤돌아보게 하는 강력한 힘을 가지고 있다. _ 김경린(시인)

시는 회고와 성찰이자 실존의 기록이며, 내면의 무의식을

펼치는 일이다. 문정영 시인의 이번 시집은 환경과 생태에 관한 자성과 새로운 미래를 향한 열망이 담겨 있다. 시인은 자연과 문명이 공존하는 희망적인 지구를 그리고 있다. 위기에 처한 지구의 환경이 고통의 감압 과정을 거쳐 새로운 시간으로 거듭나길 바라는 시인의 언어들이 살아 꿈틀거린다. 과거와 현재와 미래를 관통하며, 서정과 환상의 접경지대를 넘나드는 구원의 시편들이 가득하다. _김나비(시인)

시인의 7번째 시집에선 기후, 환경에 관한 위기감과 문제의식을 담은 시편들이 많았다. 연애시 어법으로 쓰여 무거운 주제임에도 불구하고 친근하게 스며들게 하는 시인의 내공은 깊었다. 뛰어난 서정을 바탕으로 세상에 대한 깊은 인식과 보편적인 이해를 펼쳐왔던 그가 이번엔 한층 진화된 감각으로 독자들에게 다가서고 있다는 느낌이다. '사랑이 끝났을 땐 어떤 의문에도 꽃은 피지 않(열정 p36)았다'라는 문장에 밑줄을 긋다 생각한다. 그것이 비단 사랑뿐이겠는가, 라고. _한영미(시인)

은유의 사유는 직접 보고 느끼듯 생생함이 있어 사유의 폭이 넓다. 문정영 시의 곳곳에서 은유의 표현이 능하다는 것을 알 수 있다. "기침과 사랑은 목에서 시작한다 당신이 떠난 후 목젖이 얼마나 부풀어 올랐는지 꽃봉오리 잃는 새벽에 목에서 종달새 우는 소리가 났다"-「간절기」부문, 이 시와 같이 다른 시들도 은유의 세계를 만들어 가는 표현들이 두 개념으로 논리적 경험적으로 진술하고 있다. 한 편씩 읽을 때마다 감정을 풍부하게 해줘서 시의 매력을 느낀다. _ 박민서(시인)

    지구 기후환경 문학상을 제정 운영하는 시인은 시인의 사회적 역할을 강조한다. 오래전부터 품어온 '당신'의 밑바닥에 묻어두었던 "메타버스"를, 그 소망을 힘찬 시어로 우리에게 부드럽게 건넨다. "빙하가 녹아내리는 속도로" 헤엄쳐 오는 마음은 사랑, 통찰, 울음, 열애, 명상, 침묵, 질문 등으로 축제를 열듯 우리 앞에 풀어 놓는다. 얼마나 많은 숨들이 눈을 뜨고 있는지를 전하며, 그 생명과 눈을 마주하는 일이 얼마나 놀랍고 신비로운 일인지 "마지막 사랑을 목숨으로 기다리고" 있는 사람을 본다. _ 배윤주(시인)

    태양, 적조, 대홍수, 가뭄, 붉은 새, 사랑도 체념증후군이라는 문구들의 긴장감이 시를 더욱 돋보이게 하는 부분이다. "당신 없는 페이지는 상상이 사라지고 없어" "나를 들여다보는 한 사람의 눈을 기억하네" "이젠 뒷모습뿐인 그의 계절이 녹고 있네" 도시적인 이미지와 자연물과 사람을 소재로 상대성 사유와 슬픈 이별을 묘사했다. 다소 무거울 수 있는 지구의 종말을 사랑이라는 암시성으로 말랑한 시어들로 편안하게 풀어냈다. 우주와 지구가 안전해야 우리의 사랑도 붉은 향기로 머무를 것처럼. _ 김숙영(시인)

"눈빛이 사라진 호모 사피엔스가 거룩한 종로를 걸어"(「빅브라더」)가고 "책 속의 글자들이 가상 공간에서 움직"(「메타버스」)이는 외로운 공간에 안착한 시인은 "당신 없는 페이지는 상상력이 사라지고 없어"(「Walk In, 나선형 꽃잎」) "당신은 사막에 아픈 저를 심네요"(「사류나무 당신」)라고 말하며 결국은 인간은 인간으로 치유될 수밖에 없는 존재임을 알려준다. 끊임없이 새로운 주제를 모색하면서도 시인만이 가지는 순한 감성은 분초 사회를 살아가는 호모 프롬프트에게 "Walk In, 나선형 꽃잎"처럼 사랑스런 사색의 지점으로 우리를 회귀하게 한다. _ **김소희(시인)**

  문정영 시집『술의 둠스데이』는 지구와 미래로 압축된다. 기후환경은 점점 파괴되고 지구는 신음하고 있다. "지구의 종말은 비둘기가 먼저 알 거야" "지구는 시속 1,500킬로의 속도로 일찍 뜨거워지고 있다" "지금 지구의 눈물은 12시 5분 전" "빙하가 녹아내리는 속도로 우리는 통제되고 있어" 등의 문장에서 지구를 바라보는 시인의 애정과 걱정을 동시에 느낄 수 있다. 그는 시산맥 지구별 수비대장이기도 하다. 그의 시선은 언제나 미래에 가닿아 있다. 그래서 미래를 쓴다. 블록체인, 메타버스, 유튜브… 빠른 속도로 세계는 변하고 있다. 인공지능의 발전이 두려운 시대다. 기술과 인간과의 조화, 건강한 지구의 미래에 대한 그의 소망이 그대로 시집에 담겨 있다. 그래서 미래는 아직 희망적이다. _ **손준호(시인)**

현대를 사는 우리는 사랑과 불안이라는 말을 혼동한다. 그래서 가끔 어디에 서 있는지 모를 때가 있다. "꽃들이 사라진다면 당신 숨결은 없을 것인데// 나는 마지막 사랑을 목숨으로 기다려야겠다"(「황제 나비」), 이 지상에서 사는 동안 "사랑은 거기서 가장 빛나는 축제"라는 것을 인지하는데 불안이라는 지표가 선을 긋는다. 문정영 시인의 이번 시집은 사랑과 이별을 기후환경과 4차혁명을 통하여 절절하게 드러내었다. 결코 달콤하지만은 않다. _ 안이숲(시인)

'마지막 날'이란 의미의 '둠스데이'로 시작해서 '처음'이란 의미를 가진 '인셉션'으로 끝난 것은 작가의 의도일까, 우연일까. 의도이든 우연이듯 절묘한 배치에 탄성이 나왔다. 물론 이것은 말의 사전적 의미로 접근한 것이지만 내게는 '첫'의 설렘을 놓치지 않겠다는 다짐으로 읽혔다. 어쩌면 시인은 술과 사랑이라는 화두를 앞뒤에 배치함으로 이 둘이 갖는 탕진의 속성과 절제하는 역설의 깊이를 함께 보여주고 싶었는지도 모르겠다. 간결한 문장 속에서 과하지 않게 드러나는 사유와 비틀림으로 인해 읽는 내내 즐거웠다. _ 유금란(시인·**수필가**.시드니)

그의 시는 감각적이다. 어디까지가 꿈이고 어디까지가 현실인지. 절로 머금게 되는 미소……, 모자라지도 흘러넘치지도 않는 문장의 촉수가 감정의 깊은 속을 파고든다. 은유의 숲 깊은 데를 향하는 오솔길을 걷다 보면 문득 거기, 오래된 내가 있다. 어떤 날은 달빛에 또 어떤 날은 노을빛에 젖어 신발 한 짝을 잃고 걷고 있는 한 사람. _김재환(시인)

  문정영 시인의 일곱 번째 시집 『술의 둠스데이』는 지나간 시간을 끌어다 밑단에 깔고 다가올 시간을 배치하여 사라지는 것과 살아가는 것 사이에 놓인 불온한 자리에 조명을 비춘다. 해가 지기 직전에 밝아지는 하늘처럼 가을 앞에서 반짝 뜨거워지는 시간처럼 절망 앞에서도 마지막까지 희망을 붙든다. 놓아주고 보듬는 시인의 서정, 깨진 틈으로 들어오는 빛이 환하다. _서이교(시인)